**Aprendamos los saludos con**

Color the picture that shows the meaning of **hola**
Colorea el dibujo que representa **hola**

 Hola

 Adiós

 Sí

 Trace the word **hola** - Repasa la palabra **hola**

hola
hola

 **Aprendamos las despedidas con**

Color the picture that shows the meaning of **adiós**
Colorea el dibujo que representa **adiós**

Hola

Adiós

Sí

 Trace the word **adiós** - Repasa la palabra **adiós**

adiós   adiós   adiós   adiós   adiós

adiós   adiós   adiós   adiós   adiós

 **Aprendamos los saludos con**

Buenos días
Good morning

Color it - Colorea

Color the picture that shows the meaning of **Buenos días**
Colorea el dibujo que representa **Buenos días**

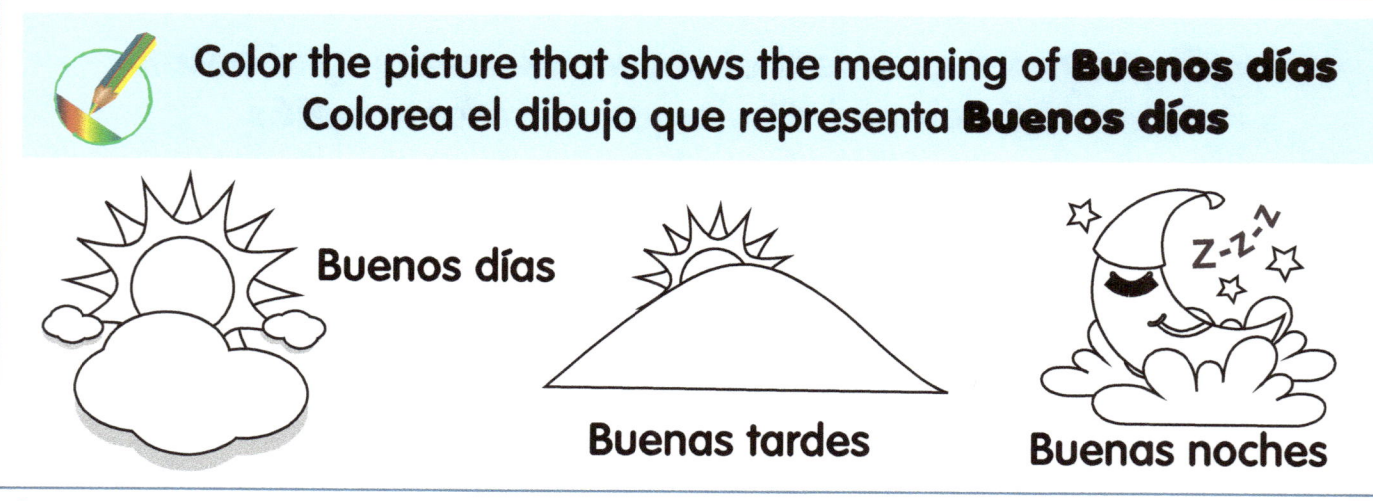

Buenos días   Buenas tardes   Buenas noches

✏️ Trace the words **Buenos días** - Repasa las palabras **Buenos días**

Buenos días   Buenos días

Buenos días   Buenos días

 Aprendamos los saludos con

Buenas tardes

Good afternoon

Color it - Colorea

Buenas tardes

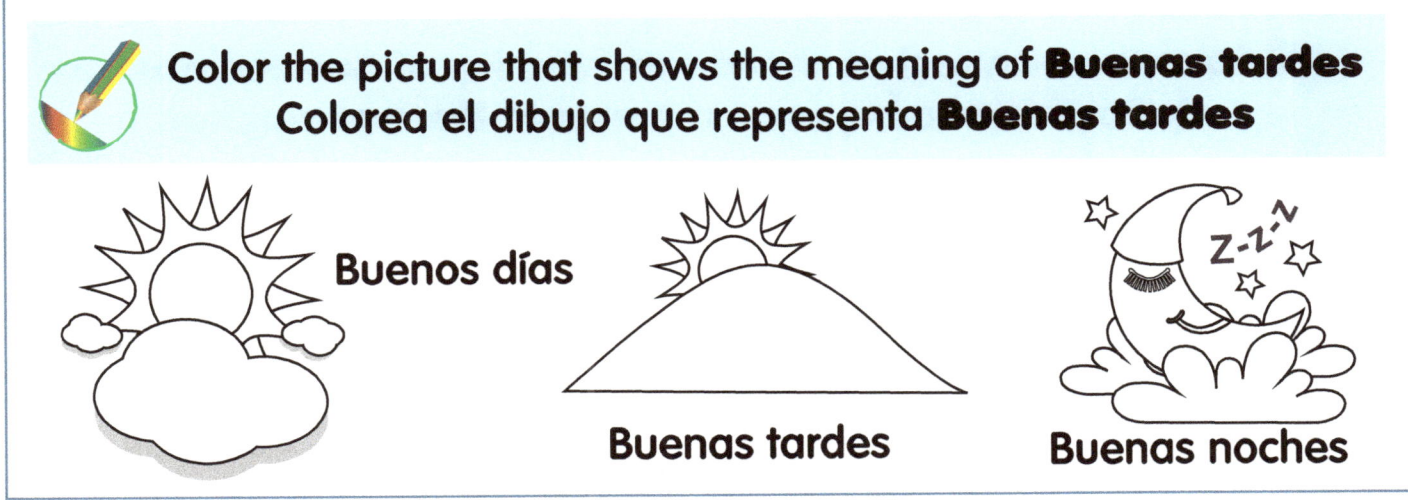

Color the picture that shows the meaning of **Buenas tardes**
Colorea el dibujo que representa **Buenas tardes**

Buenos días

Buenas tardes

Buenas noches

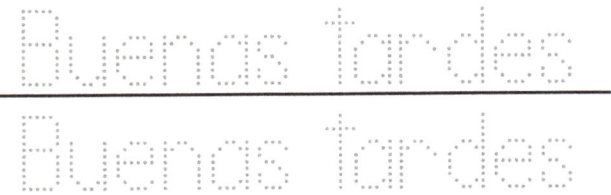 Trace the words **Buenas tardes** - Repasa las palabras **Buenas tardes**

Buenas tardes

Buenas tardes

 **Aprendamos las despedidas con**

Color the picture that shows the meaning of **Buenas noches**
Colorea el dibujo que representa **Buenas noches**

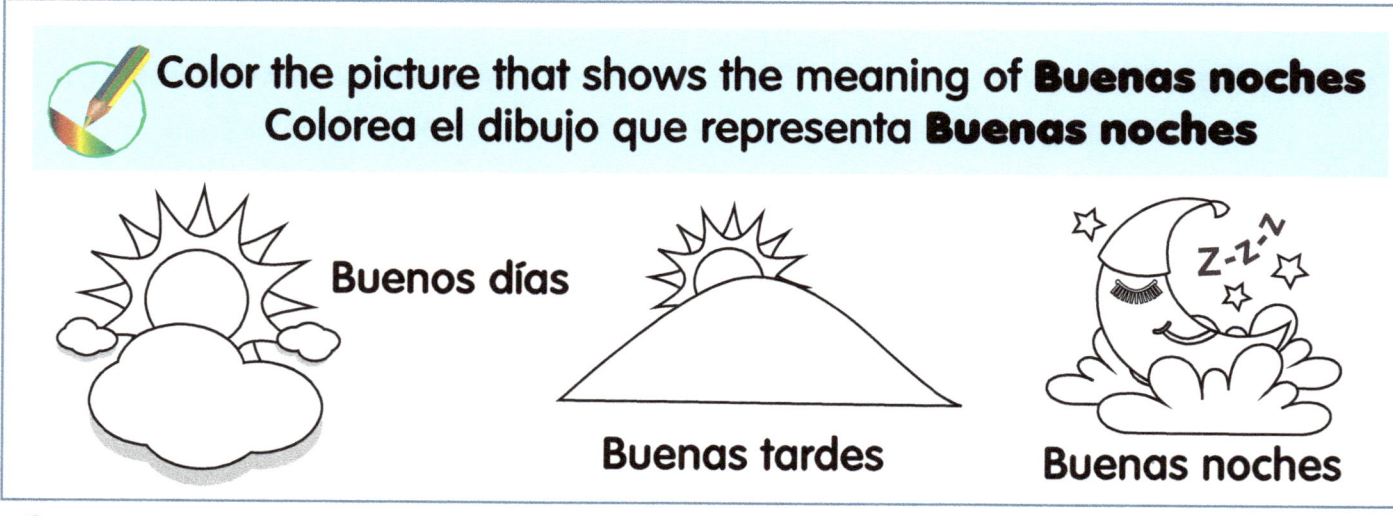

 Trace the words **Buenas noches** - Repasa las palabras **Buenas noches**

Buenas noches

Buenas noches

 Aprendamos los saludos con

¿Cómo estás tú?
¿How are you?

Color it - Colorea

¿Cómo estás tú?

 Other ways to say how are you in Spanish. Color all of them.
Otra forma de decir **¿Cómo estás tú?**

¿Qué tal?

¿Qué onda?

¿Qué pasa?

What's up?

 Trace the expression ¿Cómo estás tú? - Repasa la expresión ¿Cómo estás tú?

¿Cómo estás tú? _____

¿Cómo estás tú? _____

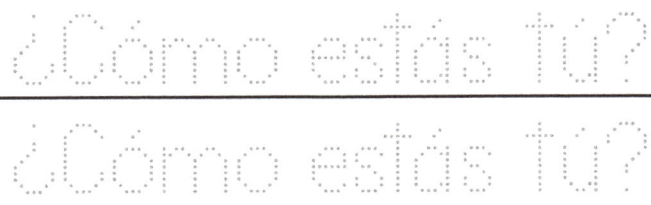

 **Aprendamos los saludos con**

¿Cómo está usted Señor?  ¿Cómo está usted Señora?

 Trace the expression ¿Cómo está usted?
Repasa la expresión ¿Cómo está usted?

¿Cómo está usted? ¿Cómo está usted?

¿Cómo está usted? ¿Cómo está usted?

 Aprendamos vocabulario con

Bien
Good

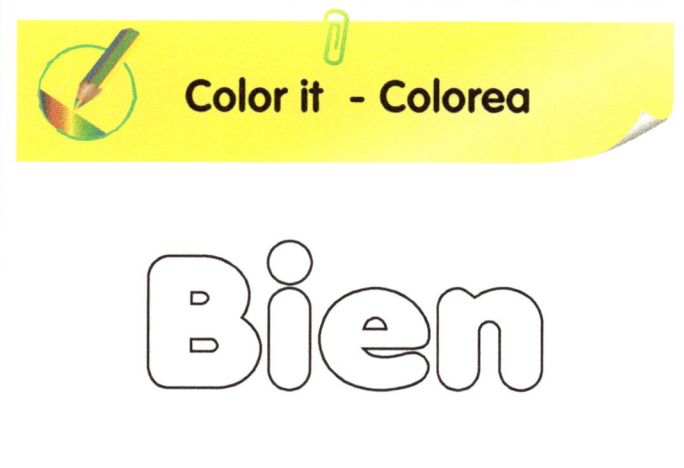

 Color the picture that shows the meaning of **Bien**
Colorea el dibujo que representa **Bien**

 Bien    Regular    Mal

 Trace the word **Bien** - Repasa la palabra **Bien**

Bien
Bien

9

 **Aprendamos vocabulario con**

Regular
Más o menos
OK

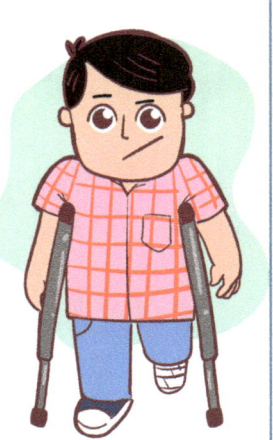

Color it - Colorea

Color the picture that shows the meaning of **Regular**
Colorea el dibujo que representa **Regular**

 Bien  Regular  Mal

 Trace the words and expressions - Repasa las palabras

Regular _Regular_ _Regular_

Más o menos _Más o menos_

Aprendamos vocabulario con

Mal

Bad

Color it - Colorea

Mal

Color the picture that shows the meaning of **Mal**
Colorea el dibujo que representa **Mal**

 Bien

 Regular

 Mal

 Trace the word **Mal** - Repasa la palabra **Mal**

Mal   Mal   Mal   Mal   Mal

Mal   Mal   Mal   Mal   Mal

 **Aprendamos vocabulario con**

Gracias
Thank you

Color it - Colorea

Gracias

 Color the picture that shows the meaning of **Gracias**
Colorea el dibujo que representa **Gracias**

 Por favor

 Gracias

 De nada

 Trace the word **Gracias** - Repasa la palabra **Gracias**

Gracias   Gracias   Gracias

Gracias   Gracias   Gracias

12

 Aprendamos vocabulario con

De nada

You´re welcome

Color it - Colorea

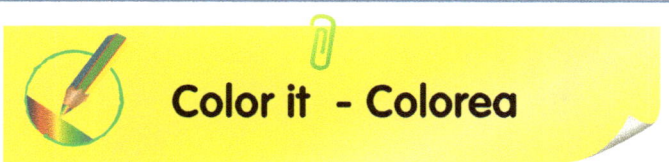

Color the picture that shows the meaning of **De nada**
Colorea el dibujo que representa **De nada**

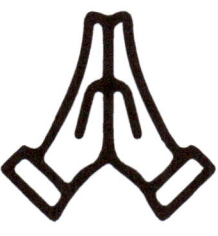 Por favor

 Gracias

 De nada

 Trace the words and expressions - Repasa las palabras

De nada — De nada   De nada

Con gusto — Con gusto   Con gusto

 **Aprendamos vocabulario con**

Por favor
Please

Color it - Colorea

Por favor

 Color the picture that shows the meaning of **Por favor**
Colorea el dibujo que representa **Por favor**

Por favor

Gracias

De nada

 Trace the words **Por favor** - Repasa las palabras **Por favor**

Por favor   Por favor   Por favor

Por favor   Por favor   Por favor

 **Aprendamos las despedidas con**

 Trace the words and expressions - Repasa las palabras

Hasta pronto

Hasta luego

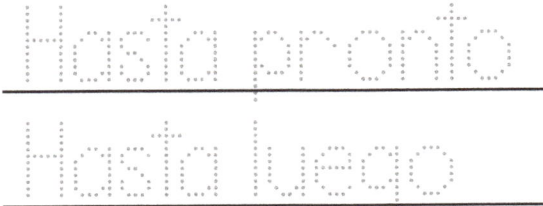

 Aprendamos las despedidas con

Hasta mañana

See you tomorrow

Color it - Colorea

Hasta mañana

 Color the picture that shows the meaning of **Hasta mañana**
Colorea el dibujo que representa **Hasta mañana**

Hasta mañana

Hasta luego

Hasta la vista

Hasta la próxima

 Trace the words **Hasta mañana**
Repasa las palabras **Hasta mañana**

Hasta mañana

Hasta mañana

 Aprendamos vocabulario con

 Trace the words ¿Cómo te llamas?
Repasa las palabras ¿Cómo te llamas?

¿Cómo te llamas?   ¿Cómo te llamas?

¿Cómo te llamas?   ¿Cómo te llamas?

 Aprendamos vocabulario con

Me llamo
My name is

Color it - Colorea

Color the picture that shows the meaning of **Me llamo**
Colorea el dibujo que representa **Me llamo**

¿Cómo te llamas?

Me llamo Lucas

Trace the words **Me llamo** - Repasa las palabras **Me llamo**

Me llamo _____ _____
Me llamo _____ _____

 # Aprendamos vocabulario con

Mucho gusto

Nice to meet you

Color it - Colorea

Mucho gusto

Other way to say mucho gusto in Spanish. Color all of them.
Otra forma de decir **Mucho gusto**

Encantada Lucas

Encantado Lola

 Trace the words **Mucho gusto**
Repasa las palabras **Mucho gusto**

Mucho gusto

Mucho gusto

 Aprendamos vocabulario con

 Color it - Colorea

Cumpleaños

Color all the pictures / Colorea todos los dibujos

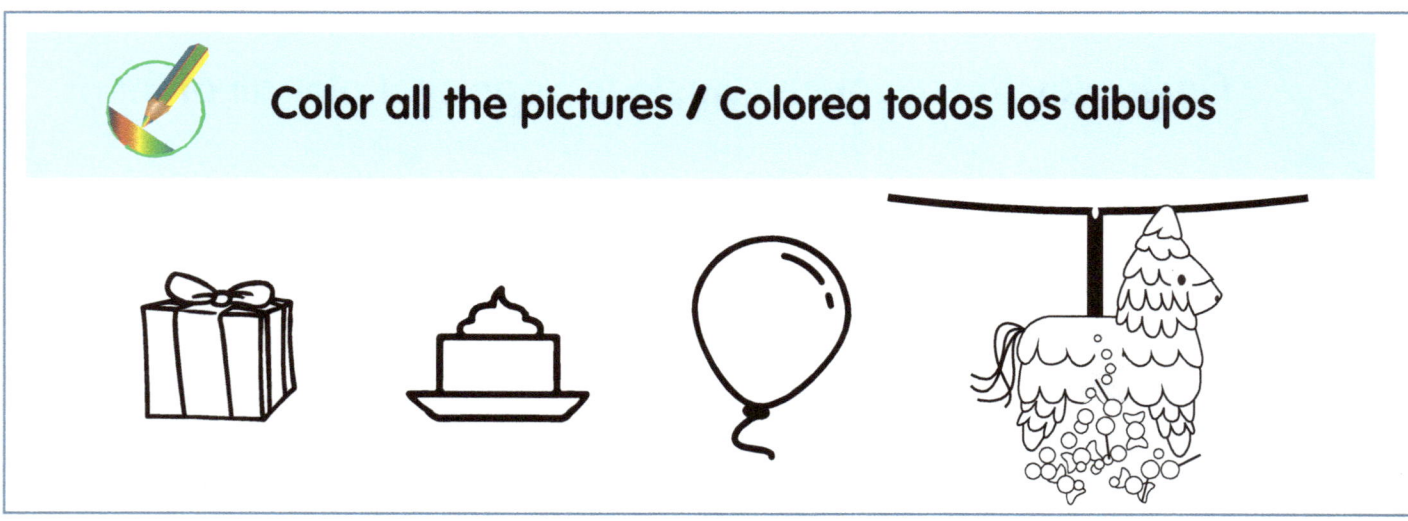

 Trace the word **Cumpleaños** - Repasa la palabra **Cumpleaños**

Cumpleaños

Cumpleaños

 Aprendamos vocabulario con

¿Cuántos años tienes?
¿How old are you?

Color it - Colorea

¿Cuántos años tienes?

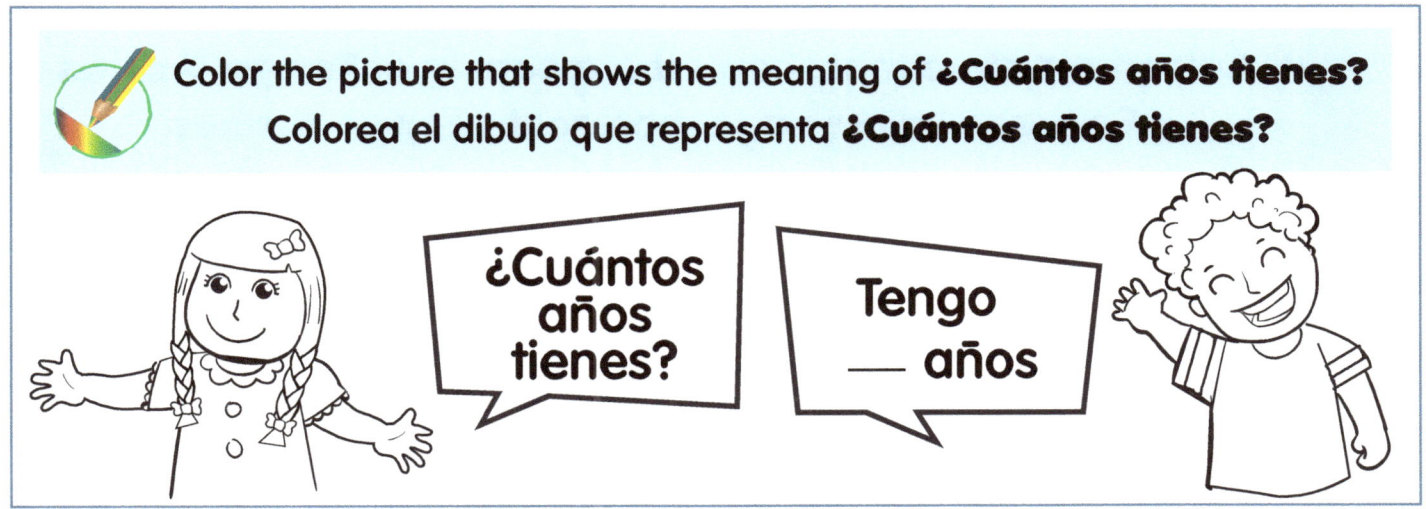

Color the picture that shows the meaning of **¿Cuántos años tienes?**
Colorea el dibujo que representa **¿Cuántos años tienes?**

¿Cuántos años tienes?

Tengo ___ años

 Trace the words ¿Cuántos años tienes?
Repasa las palabras ¿Cuántos años tienes?

¿Cuántos años tienes?

¿Cuántos años tienes?

 Aprendamos vocabulario con

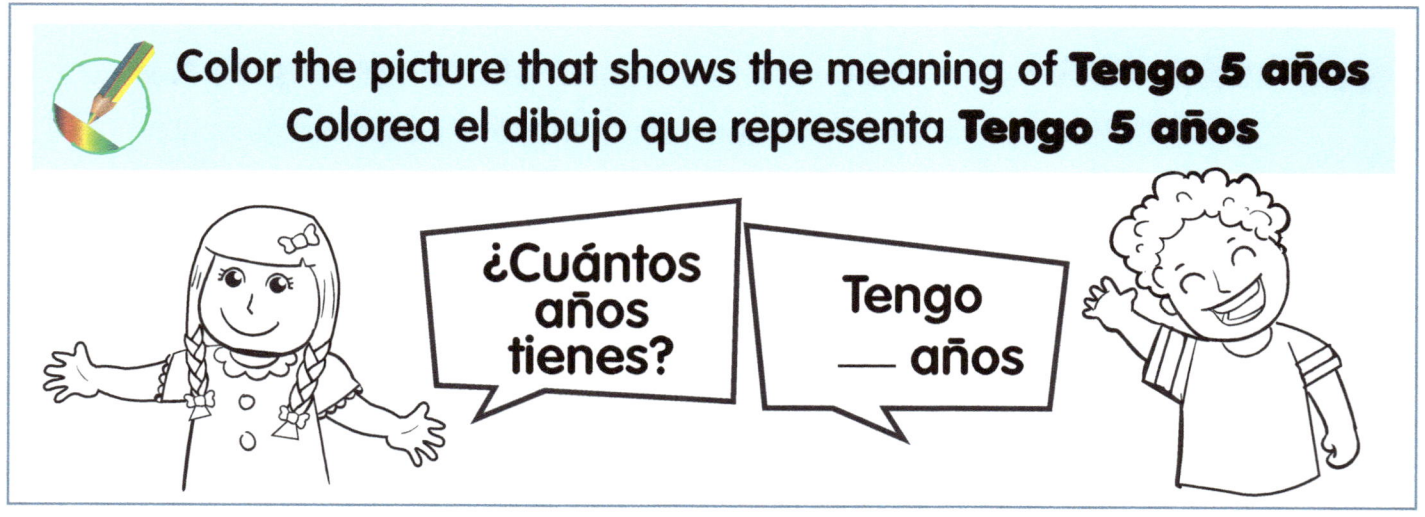

 Trace the words **Tengo 5 años**
Repasa las palabras **Tengo 5 años**

Tengo 5 años
Tengo 5 años
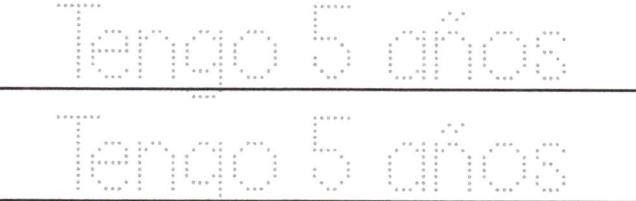

 **Aprendamos vocabulario con**

Color the picture that shows the meaning of **niño**
Colorea el dibujo que representa **niño**

 niño

 niña

 Trace the word **niño** - Repasa la palabra **niño**

niño   niño   niño   niño   niño

niño   niño   niño   niño   niño

 ## Aprendamos vocabulario con

Niña
Girl

Color it - Colorea

 Color the picture that shows the meaning of **niña**
Colorea el dibujo que representa **niña**

niño

niña

 Trace the word **niña** - Repasa la palabra **niña**

niña   niña   niña   niña   niña

niña   niña   niña   niña   niña

 Aprendamos vocabulario con

Señorita

Miss

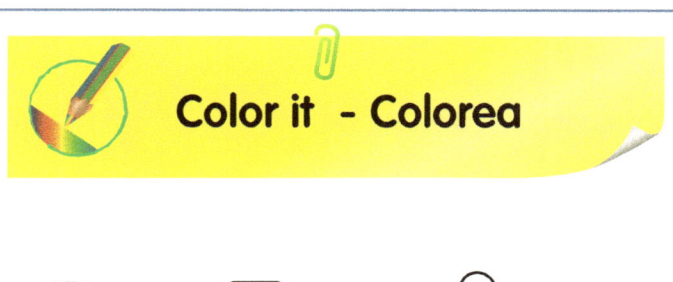

Color it - Colorea

Señorita

Color the picture that shows the meaning of **Señorita**
Colorea el dibujo que representa **Señorita**

 Trace the word **Señorita** - Repasa la palabra **Señorita**

Señorita

Señorita

 **Aprendamos vocabulario con**

Señor

Mr.

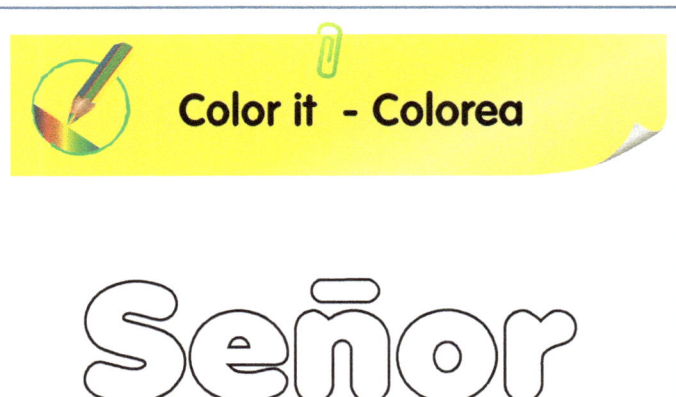

Color it - Colorea

Señor

Color the picture that shows the meaning of **Señor**
Colorea el dibujo que representa **Señor**

Señor   Señorita   Señora

Trace the word **Señor** - Repasa la palabra **Señor**

Señor   Señor   Señor   Señor

Señor   Señor   Señor   Señor

 **Aprendamos vocabulario con**

Color it - Colorea

Señora

Color the picture that shows the meaning of **Señora**
Colorea el dibujo que representa **Señora**

 Trace the word **Señora** - Repasa la palabra **Señora**

Señora
Señora

 Aprendamos vocabulario con

Sí Yes   No No

 **Color it - Colorea**

 Color the picture that shows the meaning of **Sí / No**
Colorea el dibujo que representa **Sí / No**

 Sí

 No

 Trace the words **Sí/No** - Repasa las palabras **Sí/No**

Sí

No  No No No No

Aprendamos vocabulario con

Amigos

Friends

Color it - Colorea

Amigos

Color all the pictures / Colorea todos los dibujos

amigos

✏️ Trace the word **amigos** - Repasa la palabra **amigos**

amigos   amigos   amigos

amigos   amigos   amigos

 Aprendamos los saludos con

 Une las palabras con el dibujo que corresponda
Connect the words with the pictures

Hola	
Buenos días	
Buenas tardes	
Buenas noches	
Adiós/chao	

 Aprendamos los saludos con

 Une las palabras con la respuesta que corresponda
Connect the words with the answers

¿Cómo estás tú?   Tengo ___ años

Gracias   Bien

¿Cuántos años tienes?   Me llamo _____

¿Cómo te llamas?   De nada

Crucigrama

- mal
- hola
- bien
- adiós
- niña
- llama

Vocabulario

Greet People and Say Goodbye

OBJECTIVES: Greet people at different times of the day, introduce yourself to others, ask for someone's name and vocabulary.

ESPAÑOL / INGLÉS

ESPAÑOL	INGLÉS
¡Hola! - õh-lah	Hello!/ Hi.
Buenos días - bew-ãy-nõhs dẽe-ahs	Good Morning
Buenas tardes - bew-ãy-nohs tar-dez	Good Afternoon
Buenas noches - bew-ãy-nõh-chays	Good Evening
¿Cómo te llamas? - Cõh-moh tay yãh-mas	What is your name?
Me llamo... - may yãh-moh	My name is...
Mucho gusto - Mew-choh gẽw-stoh	Nice to meet you.
Encantado/a - en-cahn-tãh-doh/dah	Likewise/ Same here
¿Cómo estás? (familiar) - cõh-moh ays-tãhs	How are you? Familiar
¿Cómo está Ud.? (formal) - cõh-moh ays-tãh	How are you? formal
¿Qué tal?, ¿Qué pasa?, ¿Qué onda? - kãy-tall? kãy-pah-sa?	What 's up?/ What's happening
Bien, muy bien - bee-ayn mew-ee bee-ayn	Fine, Very well
Más o menos , asi, así, regular - mãhs oh may-nohs Ah-sẽe ah-sẽe	So-so, Okay
Mal – mahl	Bad
¿Cuántos años tienes? – cew-ãhn-tõhs ahnyee-ohs tee-ennis	How old are you?
Tengo ____ años - t̃ayn-goh_____ahn-yee-õhs	I am ____ years old

Despedidas Leaving/ Say Goodbye

¡Adiós! - ah-dee-õhs	Goodbye
Hasta mañana. – ahs-tah mahn-ỹahn-nah	See you tomorrow
Hasta pronto – ãhs-tah prõhn-toh	See you son
Hasta luego – ãsh-tah lew-ãy-goh	See you later
Cumpleaños – cewm-plee-ãhn-yas	Birthday
(Muchas) Gracias – mew-chahs grah-seẽ-us	Thank you (very much)
De nada/con gusto – day-nah-dah	You're welcome
Por favor – por fah-bõhr	Please
Perdón – pair-dõhn	Excuse me
Lo siento – loh see-ayn-toh	I am sorry

Other Words and Phrases

Señor, Sr. — sayn-yor	Sir, *Mr.*	Niño/ Niña – neen-yoh neen-yah	*Boy/girl*
Señora, Sra. — sayn-yor-ah	*Madam, Mrs.*	Amigos – ah-mee-gohs	*Friends*
Señorita, Srta. — sayn-yor-ee-tah	*Miss, Miss.*	Sí - see *Yes* No - noh	*No*

32